Regina Helena Mantovani
(organizadora)

CRESCER EM COMUNHÃO
CATEQUESE E FAMÍLIA

Volume 2

Autores
Isabel Cristina Karpinski Teixeira de Oliveira
Reinaldo Soares
Helena Maria Loli
Nilson Caetano Ferreira

© 2014, Editora Vozes Ltda.
Rua Frei Luís, 100
25689-900 Petrópolis, RJ
Internet: http://www.vozes.com.br
Brasil

Todos os direitos reservados. Nenhuma parte desta obra poderá ser reproduzida ou transmitida por qualquer forma e/ou quaisquer meios (eletrônico ou mecânico, incluindo fotocópia e gravação) ou arquivada em qualquer sistema ou banco de dados sem permissão escrita da editora.

Imprimatur

Dom José Antônio Peruzzo
Bispo das Dioceses de Palmas e Francisco Beltrão
Responsável pela Animação Bíblico-Catequética no Regional Sul II – CNBB
Novembro de 2013

Diretor editorial
Frei Antônio Moser

Editores
Aline dos Santos Carneiro
José Maria da Silva
Lídio Peretti
Marilac Loraine Oleniki

Secretário executivo
João Batista Kreuch

Editoração: Fernando Sergio Olivetti da Rocha
Projeto gráfico: Ana Maria Oleniki
Ilustração: Alexandre Maranhão
Capa: Ana Maria Oleniki

ISBN 978-85-326-4732-0

Editado conforme o novo acordo ortográfico.

Este livro foi composto e impresso pela Editora Vozes Ltda.

Sumário

Apresentação, 5

Introdução, 7

Leitura Orante da Palavra de Deus, 10

Temas para rezar e refletir, 13

1 Jesus, mestre educador da família, 15

2 Viver a fé em comunidade, 22

3 Um caminho de espiritualidade para a família, 30

4 Família evangelizando famílias, 35

5 Dízimo, compromisso da família com a comunidade, 40

6 Somos todos irmãos, 45

Anexo – Respostas das perguntas sobre a Carta a Diogneto, 50

Referências, 51

Apresentação

Queridos catequizandos,

Prezados pais e familiares,

Estimados catequistas,

Chegou a hora de retornarmos ao caminho. Podemos dizer que foi um longo percurso, marcado por muitas reuniões de estudos, de reflexões e de orações. Foi justamente este o ritmo dos que se empenharam em preparar estes livros de catequese que fazem parte da Coleção Crescer em Comunhão. São páginas portadoras de preciosos conteúdos, expostos com cuidados didáticos e com muita sensibilidade pedagógica.

Também podemos dizer que seus autores trabalharam com muita dedicação, tendo os olhos fixos nas experiências e no anseio de fazer ecoar e ressoar a Palavra de Deus para os interlocutores da catequese: catequizandos, catequistas e familiares.

A vocês, prezados pais e familiares, recordo-lhes que, em catequese, nada é tão decisivo quanto o interesse e a participação de vocês. Seu testemunho de fé e seu entusiasmo pela formação catequética de seus filhos farão com que eles percebam a grandeza do que lhes é oferecido e ensinado.

Agora, pronta a obra, é chegada a hora de entregá-la aos destinatários. É um bom instrumento, de muita utilidade. Mas a experiência de fé vem de outra fonte, do encontro com Jesus Cristo. Por Ele vale a pena oferecer o melhor para, juntos, crescermos em comunhão.

D. José Antônio Peruzzo
Bispo da Diocese de Palmas e Francisco Beltrão
Responsável pela Animação Bíblico-Catequética no Regional Sul II – CNBB

Introdução

O processo de educação da fé precisa gerar uma motivação interior, que resulte em uma resposta autêntica ao chamado de Deus, como nos ensina o Evangelho. Essa reflexão, ao iluminar nossa prática catequética, guiou-nos a inserir, na *revisão da Coleção Crescer em Comunhão*, subsídios destinados aos familiares, oferecendo-lhes reflexões para acompanhar seus filhos em sua formação cristã e assim atender a missão evangelizadora da Igreja para a família, compreendida como núcleo vital da sociedade e da comunidade eclesial.

A *Coleção Crescer em Comunhão*, com os livros CATEQUESE E FAMÍLIA, pretende contribuir para que as famílias possam viver o Evangelho construindo um itinerário, um caminho de educação da fé marcado pela experiência, conversão e adesão a Jesus Cristo. Para isso procurou integrar elementos característicos do amor divino a fim de promover na família a vivência da comunhão nos moldes da unidade inspirada na Santíssima Trindade.

Para desenvolver o processo de educação da fé, visando propor uma experiência de encontro íntimo e pessoal com Jesus Cristo, os temas de cada volume – CATEQUESE E FAMÍLIA – se constituem de reflexões orantes, fundamentadas na Palavra de Deus, para ajudar a família na tarefa de assumir e viver plenamente a proposta de Jesus Cristo. Com os encontros propostos colabora-se para a construção de uma experiência de amor gratuito, de fidelidade, de respeito mútuo, de oração e testemunho em defesa da vida, centrando-se nas palavras e atos de Jesus.

COMO SÃO DESENVOLVIDOS OS ENCONTROS

AMBIENTAÇÃO

No início de cada encontro há uma sugestão para preparar o espaço do encontro e oportunizar a realização de um momento de espiritualidade. É importante que o animador leia as sugestões, antecipadamente, para desenvolver e motivar o grupo a refletir sobre o significado dos símbolos propostos para cada tema.

O QUE QUEREMOS COM ESTE ENCONTRO

Define a intenção do que se almeja com cada tema, com cada reflexão. Por esta razão é importante conversar o que se pretende com cada encontro à medida que irão acontecendo, pois ao saber o que se espera todos podem contribuir para que a meta seja alcançada, como também podem avaliar o que é necessário fazer para atender o que é proposto. Isto tudo porque a finalidade maior é ajudar-se no crescimento da fé e para o encontro pessoal com Jesus Cristo.

ACOLHIDA

Este é o momento onde todas as pessoas deverão ser acolhidas com alegria. Normalmente deverá ser feita por alguém da catequese ou da família, que receberá o nome de animador. Neste momento é feita uma oração inicial para pedir a luz do Espírito Santo na condução do encontro.

A Palavra de Deus ilumina nossa vida

A vida da família deverá ser refletida a partir da Palavra de Deus. Assim, sempre é proposto em cada encontro um texto bíblico para ser lido e refletido. É a partir da Palavra que se vai compreender a realidade existencial da vida em família no dia a dia. É importante que todos participem ativamente das reflexões, colocando suas opiniões, considerações e experiências.

Sempre que possível utilizar a LEITURA ORANTE DA PALAVRA para ajudar as famílias a fazerem do encontro um momento de ligação e entendimento com a Palavra de Deus. Sugerimos que este momento seja realizado em três passos apresentados em cada encontro:

- ◢ Meditando o texto bíblico.
- ◢ Partilhando a Palavra de Deus.
- ◢ Construindo nossa vida de fé.

Preces e bênção da família

Este momento é um convite para a oração e celebração, pedindo as bênçãos de Deus para a família a fim de que se sinta fortalecida na sua missão de educadora na fé.

Uma tarefa para toda a família

É um convite para que as famílias sejam missionárias na construção do Reino de Deus a partir de si mesma. Para isto sugere ações simples e práticas que transformarão a família num espaço de alegria, aprendizado e esperança.

> Para enriquecer os temas sugere-se recorrer aos textos "Ensinamentos de Jesus e da Igreja", nos volumes do catequista da Coleção *Crescer em Comunhão*.

Leitura Orante da Palavra de Deus

Para enriquecer os encontros da Catequese e Família sugerimos um exercício de Leitura Orante que poderá ser adaptado ou diversificado de acordo com o tema do encontro, não perdendo o foco do que está sendo tratado.

Este exercício apresenta momentos específicos: momento de preparação individual, momento pessoal ou comunitário, por fim, um momento para expor ao grupo os compromissos assumidos. Cabe ao animador fazer as amarrações finais das ideias e procurar conclusões que sirvam para todos. Para isso é preciso ficar atento, registrar as opiniões e resumi-las, ao final da partilha, para todo o grupo.

Para facilitar o estudo e a oração o animador deverá explicar detalhadamente, antes de iniciar a Leitura Orante, todo o esquema aqui proposto, passo a passo, a saber:

Preparando-se:

- Colocar o corpo em posição confortável.
- Invocar a luz do Espírito Santo.

1 Leitura: O que diz o texto em si?

- Criar silêncio interior, preparando-se para escutar.
- Leitura lenta e atenta do texto bíblico indicado.
- Momento de silêncio, lembrando o que leu, e repetir alguma frase ou palavra que mais o tocou.

2 MEDITAÇÃO: O QUE O TEXTO DIZ PARA MIM?

- Ler de novo o texto bíblico indicado.
- Atualizar, ligar a Palavra com a vida:
  - O que mais chamou minha atenção neste texto bíblico? Por quê?
  - Em que pontos a mensagem do texto me questiona?
  - Qual a mensagem de Deus para mim?

3 ORAÇÃO: O QUE O TEXTO ME FAZ DIZER A DEUS?

- Ler de novo o texto bíblico.
- Assumir um compromisso na vida.
- Formular preces espontâneas para suplicar, louvar e agradecer a Deus.
- Recitar um Salmo que expresse o sentimento que está em nós (em mim).

4 CONTEMPLAÇÃO: OLHAR A VIDA COM OS OLHOS DE DEUS

- Qual o novo olhar que passei a ter em minha vida depois da Leitura Orante deste texto?
- Como tudo isto pode ajudar a viver melhor?

Temas para rezar e refletir

Jesus, mestre educador da família — 1

Ambientação

Preparar o local do encontro com um porta-bíblia, velas, flores, fotos de família, um manual de instruções de um aparelho eletrônico e, se possível, água-benta para aspersão no final do encontro.

O que queremos com este encontro

Reconhecer nos ensinamentos de Jesus ações e atitudes educadoras para a família.

Acolhida

Animador: Queremos agradecer a presença de todos vocês neste encontro de catequese e família. Sabemos que não mediram esforços para estarem aqui, e foram muitos os desafios que enfrentaram: deixaram seus compromissos de trabalho, de lazer, de convivência com os amigos... Isto tudo porque acreditam que a catequese é muito importante na educação da fé de seus filhos. Sejam todos bem-vindos! Irmãos e irmãs, com fé e alegria iniciemos este encontro *em nome do Pai e do Filho e do Espírito Santo.*

Todos: Amém.

Animador: Peçamos ao Espírito Santo que nos ilumine, nos dê força e coragem na nossa caminhada de pais e filhos. Juntos rezemos:

Todos: Ó Espírito de Deus, colocai em nossos corações o ardente desejo de cada vez mais conhecer Jesus. Que Ele seja sempre nosso mestre e educador da fé de nossas famílias. Amém.

A PALAVRA DE DEUS ILUMINA NOSSA VIDA

Animador: Vamos acolher a Palavra de Deus cantando.
(Organizar a procissão de entrada da Bíblia na sala de encontros.)
Leitor: Leitura do Evangelho de Jesus Cristo segundo Mateus (Mt 21,28-32).
(Sugerimos a leitura da Palavra da seguinte forma: dividir previamente os versículos entre os participantes; um catequista inicia a leitura e os demais participantes continuam.)
Leitor: Palavra da Salvação.
Todos: Glória a Vós, Senhor!
Canto

MEDITANDO O TEXTO BÍBLICO

Animador: Vamos ler novamente o Evangelho segundo Mateus.
(Um catequista ou membro do grupo lê todo o texto.)
Animador: Cada um de nós poderá repetir em voz alta uma palavra ou frase que despertou sua atenção e que poderá nos ajudar na meditação que faremos do texto bíblico.
(Aguardar um momento para que alguns se manifestem.)

Animador: Façamos nossa meditação seguindo os passos:

- **1º passo:** Mantendo fidelidade ao texto vamos responder: O que o texto diz?
- **2º passo:** Vamos realizar uma reflexão do texto enfatizando os aspectos do pedido, do chamado e da resposta como elementos do servir. O que o texto me diz?
- **3º passo:** Vamos observar que este texto não apresenta apenas um pedido para trabalhar na vinha, mas sim um convite para fazer a vontade do Pai, que são os ensinamentos de Jesus. Ao refletir o texto da leitura proclamada, quais são os pedidos, as orações que brotam em nossos corações por nossas famílias? O que podemos responder sobre: O que o texto nos leva a dizer a Deus?

(Dar um tempo para o grupo refletir sobre o texto e partilhar suas considerações.)

Canto

 Partilhando a Palavra de Deus

Animador: Queridos pais, mães e demais familiares de nossos catequizandos! Vamos ler uma carta, escrita há muitos séculos, que apresenta as principais características dos seguidores de Jesus de Nazaré.

Carta a Diogneto

Esta carta é uma "joia da literatura cristã primitiva". Infelizmente, permanecem muitas dúvidas em torno do autor, destinatário, data e local de sua composição. Permanecendo longos séculos ignorada, foi encontrada, casualmente, por Tomás de Arezzo, em Constantinopla, em 1436. Os parágrafos (ou capítulos) V e VI desta carta descrevem a vida concreta dos cristãos, o testemunho de amor, o seu papel no mundo e como reagiam às provocações.

Leitor 1: Em silêncio, vamos ler a *Carta a Diogneto*, individualmente. Depois, em pequenos grupos, sublinhar os pontos fortes da vivência dos primeiros cristãos nos ensinamentos de Jesus para conversar sobre a sua importância para nós nos dias de hoje.

Carta a Diogneto[1]

V. Vida dos cristãos

Não se distinguem os cristãos dos demais, nem pela região, nem pela língua, nem pelos costumes. Não habitam as cidades à parte, não empregam idioma diverso dos outros, não levam gênero de vida extraordinário. A doutrina que se propõem não foi excogitada solicitamente por homens curiosos. Não seguem opinião humana alguma, como vários fazem.

Moram alguns em cidades gregas, outros em bárbaras, conforme a sorte de cada um; seguem os costumes locais relativamente ao vestuário, à alimentação e ao restante estilo de viver, apresentando um estado de vida (político) admirável e sem dúvida paradoxal. Moram na própria pátria, mas como peregrinos. Enquanto cidadãos, de tudo participam, porém tudo suportam como estrangeiros. Toda terra estranha é pátria para eles, e toda pátria, terra estranha.

Casam-se como todos os homens e como todos procriam, mas não rejeitam os filhos. A mesa é comum; não o leito.

Estão na carne, mas não vivem segundo a carne. Se a vida deles decorre na terra, a cidadania, contudo, está nos céus. Obedecem às leis estabelecidas, todavia superam-nas pela vida.

Amam a todos, e por todos são perseguidos. Desconhecidos, são condenados. São mortos e com isso se vivificam.

Pobres, enriquecem a muitos. Tudo lhes falta, e têm abundância de tudo. Tratados sem honras, e nessas desonras são glorificados. São amaldiçoados, mas justificados. Amaldiçoados, e bendizem. Injuriados, tributam honras. Fazem o bem e são castigados quais malfeitores. Supliciados, alegram-se como se obtivessem vida. Hostilizam-nos os judeus quais estrangeiros; perseguem-nos os gregos, e, contudo, os que os odeiam não sabem dizer a causa desta inimizade.

---

[1] *Carta a Diogneto*. Petrópolis: Vozes, 2003 [Tradução da Abadia de Santa Maria].

VI.   A alma no corpo, os cristãos no mundo

Para simplificar, o que é a alma no corpo, são no mundo os cristãos. Encontra-se a alma em todos os membros do corpo, e os cristãos dispersam-se por todas as cidades do mundo. A alma, é verdade, habita no corpo, mas dele não provém. Os cristãos residem no mundo, mas não são do mundo. Invisível, a alma é cercada pelo corpo visível. Igualmente os cristãos, embora se saiba que estão no mundo, o seu culto a Deus permanece invisível. A carne odeia a alma e a combate sem haver sofrido injustiça, porque a impede de gozar dos prazeres; também o mundo odeia os cristãos, sem ter sofrido ofensa, por se oporem aos prazeres. A alma ama a carne que a odeia e os membros; assim os cristãos amam os que os detestam.

Encerrada no corpo, a alma é quem faz a coesão do corpo. Os cristãos, igualmente, estão de certo modo aprisionados no mundo, como num cárcere, mas são eles que sustêm o cosmos. Imortal embora, a alma reside numa tenda mortal. De maneira semelhante, os cristãos abrigam-se provisoriamente em refúgios corruptíveis, à espera da incorrupção nos céus.

A alma, mal cuidada relativamente à comida e à bebida, aperfeiçoa-se. Os cristãos também, cotidianamente supliciados, aumentam cada vez mais. Deus os colocou em tão elevado posto, que não lhes é lícito recusar.

Animador: Agora vamos partilhar o que descobrimos com a leitura desta carta e com os comentários discutidos nos pequenos grupos.

(Dar tempo para a partilha.)

Leitor 1: Como era seguir os ensinamentos de Jesus naquela época?

Leitor 2: Como os cristãos reagiam às perseguições?

Leitor 3: Em qual época parece ser mais fácil seguir os ensinamentos de Jesus? Hoje ou naquele período histórico?

Leitor 1: Quais povos responderam melhor aos ensinamentos de Jesus? Os daquele período ou os de hoje?

Leitor 2: Temos em nós então a força da fé para responder ao chamado de Deus em seguir seus ensinamentos. Quais são os ensinamentos de Jesus para as famílias?

(Para confrontar as respostas dos grupos, sugere-se ler o anexo – Respostas às perguntas sobre a Carta a Diogneto –, na p. 50)

 Construindo nossa vida de fé

Animador: Vamos pensar por alguns instantes o que está escrito num manual de um aparelho eletrônico. Sabemos que nele encontramos informações de como utilizar o objeto da melhor forma possível para alcançar seu pleno funcionamento. Se não estivermos atentos às orientações, corremos o risco de usá-lo mal ou até de estragá-lo.

(Apresentar um manual de instruções de um aparelho eletrônico para a reflexão. Para isso poderá projetá-lo em multimídia, levar uma cópia para ser analisada em grupo ou individualmente. Na reflexão chamar a atenção para: modo de usar, voltagem, ilustrações de orientação, informações para sua montagem, perigos...)

Catequista: Assim deve ser com a Palavra de Deus e os ensinamentos de Jesus contidos nela. Temos que procurar conhecê-los e aplicá-los às nossas vidas para alcançarmos pleno potencial como pessoa e como família.

Todos: Somos convidados a dizer nosso sim aos ensinamentos e orientações de Jesus contidos na Palavra de Deus para nossa vida como família cristã.

Animador: Façamos um momento de reflexão olhando para o modo de viver das primeiras comunidades e de modo especial a maneira de agir dos dois filhos citados no Evangelho e suas respectivas respostas e ações.

- Que resposta nós daremos a partir de hoje para Jesus:
  - Seremos capazes de reconhecer que precisamos continuamente renovar nossa fé, buscando nossa conversão diária para fazer a vontade do Pai, como fez o segundo filho?
  - Seremos capazes de expressar com clareza os nossos compromissos de família cristã aos nossos filhos?
  - Seremos capazes de educar nossos filhos na fé, para uma relação com Deus e com o próximo, não só por meio de palavras, mas com atitudes verdadeiramente cristãs?

Animador: Em silêncio, vamos pensar o que guardaremos para nossas vidas e para educar nossos filhos sobre o que refletimos neste encontro.

(Sugere-se concluir este momento ouvindo a música "Família". CD Família acústico 93, de Aline Costa. Milk Music, 31/07/2012.)

PRECES E BÊNÇÃO DA FAMÍLIA

Animador: Vamos nos unir em uma só voz para firmar nossa confiança em Jesus.

Todos: Senhor, nós vos pedimos por nossas famílias. São muitas as nossas necessidades e vós as conheceis bem. Pedimos também por todas as pessoas que passam dificuldades: desempregados, drogados, sem terra, sem casa, deficientes, idosos, menores abandonados. Ajudai-nos, para que possamos cada vez mais contribuir para que o mundo se torne mais cristão, mais digno das promessas de vosso filho Jesus. Amém.

Animador: Convido todos a inclinarem suas cabeças para serem aspergidos com água-benta e receber a bênção de Deus Pai todo-poderoso.

(Convidar alguns casais para participarem da aspersão.)

Animador: Que Deus todo-poderoso nos abençoe, nos guarde, nos ilumine.

Todos: Amém.

UMA TAREFA PARA TODA A FAMÍLIA

Com o desejo de responder um SIM a Deus, que brote da força de nossa fé, vamos assumir um compromisso para conhecer e aplicar melhor os ensinamentos de Jesus em nossa vida de família. Comecemos por aprofundar o "Sermão da Montanha" (Mt 5,1-12), lendo em família alguns versículos, observando o que dizem para nossas famílias de hoje.

2 Viver a fé em comunidade

Ambientação

Cadeiras em círculo, papel e caneta e uma vela para todos os participantes, uma vela de tamanho maior que será acesa por um casal no início do encontro, roupas próprias para os personagens bíblicos: Abraão, Maria e Apóstolo Paulo.

O QUE QUEREMOS COM ESTE ENCONTRO

Esclarecer que a nossa fé cristã se fundamenta no testemunho de homens e mulheres que fizeram a experiência profunda de Deus em suas vidas.

ACOLHIDA

Animador: Em meio a tantas ofertas de ter, poder e prazer neste mundo, nós devemos nos apoiar em Jesus para vivermos felizes, segundo a vontade de Deus Pai. Para isso, Jesus nos quer vivendo uma vida de intimidade com Ele através da participação ativa e dinâmica na comunidade.

Leitor 1: Nosso grande desejo é o de colocar Jesus no centro da nossa vida, principalmente da vida das nossas famílias. Pois somente em Cristo encontramos a razão de nossa alegria.

Leitor 2: E o faremos voltados única e exclusivamente para a Palavra de Deus. Pois somos convidados por Cristo a pôr o alicerce de nossa vida na sua Palavra, ou seja, edificarmos a nossa casa, a casa da nossa família, sobre a segurança que é Deus, o Senhor de nossas vidas.

Animador: A Palavra de Deus deve iluminar a nossa vida; portanto, antes de abrirmos a Bíblia Sagrada vamos fazer o sinal da cruz, dizendo: *em nome do Pai e do Filho e do Espírito Santo.*

Todos: Amém.

Leitor 1: Invoquemos juntos o Espírito Santo. Pois Ele sonda os nossos pensamentos e corrige as nossas intenções. Esvaziemos nosso coração, deixemos de lado as preocupações e nos deixemos guiar pelo Espírito Santo de Deus. Pausadamente, tranquilamente, deixemos o Espírito Santo orar em nós.

Todos: Vinde, Espírito Santo, enchei os corações dos vossos fiéis e acendei neles o fogo de vosso amor. Enviai o vosso Espírito e tudo será criado e renovareis a face da terra.

Leitor: Oremos.

Todos: Ó Deus, que instruístes os corações dos vossos fiéis com a luz do Espírito Santo, fazei que apreciemos retamente todas as coisas segundo o mesmo Espírito e gozemos sempre de sua consolação. Por Cristo, Senhor Nosso. Amém.

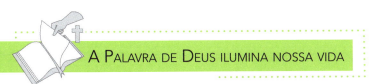

A Palavra de Deus ilumina nossa vida

Animador: Vamos acolher a Palavra de Deus cantando.
(Organizar a procissão de entrada da Bíblia na sala de encontros.)

Leitor: Leitura da Carta de São Paulo aos Hebreus (Hb 11,1-12).

Leitor: Palavra do Senhor.

Todos: Graças a Deus!

Canto

Meditando o texto bíblico

Animador: O texto bíblico nos relata o que algumas pessoas realizaram à luz de sua fé. Vamos procurar individualmente responder, por escrito, a seguinte pergunta:

◢ Para mim o que é a fé e como vivê-la em comunidade?

(Distribuir papel e caneta aos participantes e dar tempo para todos escreverem a resposta. Após, partilhar as conclusões.)

Catequista: É necessário, frente às tantas possibilidades que o mundo nos oferece, refletirmos:

1. Em quem depositamos a nossa esperança?
2. Quais as verdadeiras razões de nossa fé?
3. Por que seguir Jesus de Nazaré?
4. Há uma razão específica para continuarmos participando da Igreja?
5. Em meio a tantas oportunidades, ofertas de novas religiões, comunidades e grupos de vida, caminhos de espiritualidade, por que optamos pela fé cristã católica?

Partilhando a Palavra de Deus

Catequista: Estas e tantas outras questões somente podem ser respondidas se tivermos clareza da proposta feita pelo próprio Cristo, bem como por aqueles que viveram uma vida ligada a Ele desde as origens do cristianismo.

Animador: Vamos ler os textos para reconhecer aspectos que podem nos ajudar, hoje, a viver a proposta de Jesus em família e na sociedade. Podemos destacar palavras que expressem atitudes que precisamos ter como pais, educadores da fé, para viver a vida em comunidade.

(O próprio animador ou alguém convidado pela comunidade poderá ajudar na reflexão, expondo as ideias que estão no quadro, de forma criativa. Se necessário, poderão ampliar as reflexões conversando com o grupo.)

A nossa fé se fundamenta no testemunho dos seguidores de Jesus que nos diz que é a Ele que devemos obedecer e não às seduções deste mundo. Eis o testemunho de Pedro, depois de ter sido libertado pelo próprio Deus: "É preciso obedecer antes a Deus do que aos homens. O Deus de nossos pais ressuscitou Jesus, a quem vós matastes, suspendendo-o numa cruz. Deus o elevou pela mão direita como Chefe e Salvador, a fim de conceder a Israel a conversão e o perdão dos pecados. Destes fatos somos testemunhas nós e o Espírito Santo, que Deus concedeu aos que lhe obedecem" (At 5,29-32).

Seguir Jesus é, de fato, para quem encontra as verdadeiras razões para viver a fé apesar das contrariedades. Quem segue a Cristo deve estar consciente de que somente em Cristo encontramos a felicidade. Sem Cristo nossa vida perde o sentido. O próprio Jesus, por muitas vezes, chamou a atenção dos seus discípulos, quando, estando com eles, percebeu a incredulidade e a falta de compromisso de alguns. Então lhes questiona: "Isto vos escandaliza? E se vísseis o Filho do Homem subir para onde estava antes?... O Espírito é que dá a vida. A carne de nada serve. As palavras que vos tenho dito são espírito e vida. Mas entre vós há alguns que não creem" (Jo 6,62-64).

De fato, Jesus sabia, desde o princípio, quais eram os que não tinham fé e quem haveria de entregá-lo. E prosseguiu: "Por isso eu vos disse: ninguém pode vir a mim se isso não lhe for concedido pelo Pai". Desde então, muitos dos discípulos se retiraram e já não o seguiam. Jesus perguntou então aos Doze: "Também vós quereis ir embora?" Simão Pedro respondeu: "Senhor, para quem iríamos? Tu tens palavras de vida eterna. Nós acreditamos e sabemos que Tu és o Santo de Deus" (Jo 6,65-69).

Nós aderimos a Cristo na comunidade cristã católica através de nosso Batismo. Como muitos de nós o recebemos na infância e não tendo esta fé sido devidamente alimentada, acabamos por abandoná--la no decorrer da vida. Outra situação: muitos de nós recebemos uma catequese rudimentar, e hoje, como adultos, muitas das noções sobre a fé já nem são lembradas mais. Pois bem! Somente compreenderemos as verdades de nossa fé e seremos convictos de nosso compromisso na comunidade se estivermos ligados a Cristo, participando ativamente da vida de Cristo na comunidade eclesial. Assim seremos conscientes de que somente Cristo nos dá a verdadeira razão para uma vida plena de alegrias.

Porém, frente a tantas dificuldades e problemas, firmar nossa fé em Jesus que concede a todos os que nele creem a felicidade e a alegria plenas, não é nada fácil. Percebemos que muitos desanimam, desistem frente aos problemas encontrados, mas é necessário superar os problemas, enfrentar os obstáculos e seguir Jesus, pois somente Ele é garantia de vida plena. O próprio Jesus nos diz destas dificuldades quando as compara com uma porta estreita: "Na verdade eu vos digo: quem não entra pela porta do curral das ovelhas, mas sobe por outro lugar, é ladrão e assaltante. Quem entra pela porta é o pastor das ovelhas. Para este o porteiro abre a porta, as ovelhas ouvem a sua voz. Ele chama as ovelhas que lhe pertencem pelo nome e as leva para fora. Depois de fazer sair todas, vai na frente, e elas o seguem porque conhecem a sua voz. Não seguem o estranho, mas fogem dele, pois não conhecem a voz do estranho. Jesus falou de modo figurado, e eles não entenderam o que queria dizer. Por isso Jesus continuou: Na verdade eu vos digo: eu sou a porta das ovelhas. Todos que vieram antes de mim eram ladrões e assaltantes, mas as ovelhas não os ouviram. Eu sou a porta. Quem entrar por mim será salvo. Entrará e sairá e encontrará pastagem. O ladrão vem só para roubar, matar e destruir. Eu vim para que tenham vida e a tenham em abundância" (Jo 10,1-10).

Construindo nossa vida de fé

Animador : Conforme nos orienta o Catecismo da Igreja Católica, "Obedecer na fé é submeter-se livremente à palavra escutada, por sua verdade ser garantida por Deus, que é a própria verdade. Desta obediência, a Sagrada Escritura nos propõe ricos modelos para serem refletidos e seguidos" (CIC, n. 144). Vamos conhecer algumas pessoas que foram exemplos de fé.
(Cf. no CIC, cap. III, art. 1 – Eu Creio.)

Leitor 1: O testemunho de Abraão.

(Sugere-se que entre no recinto uma pessoa vestida de Abraão e permaneça na frente dos participantes enquanto o texto sobre ele é lido ou se levante um cartaz com a figura de Abraão.)

A fé de Abraão é o exemplo para todo cristão. Ele ao ser chamado por Deus desapegou-se do modo como vivia e seguiu confiante nas promessas de Deus, rumo a uma terra desconhecida. Nas atitudes de Abraão encontramos uma definição para a fé como nos revela a Carta aos Hebreus: "A fé é uma posse antecipada do que se espera, um meio de demonstrar as realidades que não se veem" (Hb 11,1). Ele acreditou em Deus, e por estar fortalecido em sua fé tornou-se o pai de todos os crentes (cf. Rm 4,11.18.20).

Leitor 2: A alegria de Maria, a mulher que acreditou.

(Sugere-se que entre no recinto uma pessoa vestida de Maria e permaneça na frente dos participantes enquanto o texto sobre ela é lido ou alguém entra com uma imagem de Maria.)

A Virgem Maria realiza, do modo mais perfeito, a "obediência da fé". Na fé, Maria acolheu o anúncio e a promessa trazidos pelo Anjo Gabriel, acreditando que a Deus nada é impossível" (Lc 1,37) e dando o seu assentimento: "*Eis a serva do Senhor, faça-se em mim segundo a tua palavra*" (Lc 1,38). Isabel no encontro com Maria saudou-a: "*Feliz aquela que acreditou no cumprimento de quanto lhe foi dito da parte do Senhor*" (Lc 1,45). É em virtude desta fé que todas as gerações a proclamarão bem-aventurada. Durante toda a sua vida e até à última provação, quando Jesus, seu filho, morreu na cruz, a sua fé jamais vacilou. Maria nunca deixou de crer no cumprimento da Palavra de Deus. Por isso a Igreja venera em Maria a mais pura realização da fé (CIC, n. 148-149).

Leitor 3: O Apóstolo Paulo.

(Sugere-se que entre no recinto uma pessoa vestida de Paulo e permaneça na frente dos participantes enquanto o texto sobre o que Paulo nos diz sobre a fé é lido ou pode-se entrar com uma imagem de Paulo.)

A fé é um dom gratuito de Deus ao homem. Mas nós podemos perder este dom inestimável. Paulo adverte Timóteo a respeito dessa possibilidade, sugerindo que é preciso guardar a fé como a um bom combate, ou seja, com todas as forças e coragem, mantendo sempre presente a reta consciência. Por se afastarem desse princípio é que muitos naufragam na fé (cf. 1Tm 1,18-19). Para viver, crescer e perseverar até o fim na fé, temos de alimentá-la com a Palavra de Deus; temos de pedir ao Senhor que a aumente. Ela deve ser sustentada pela esperança e permanecer enraizada na fé da Igreja (cf. CIC, n. 163).

Animador: O mundo em que vivemos parece, muitas vezes, afastado daquilo que a fé nos diz: as experiências do mal e do sofrimento, das injustiças e da morte parecem contradizer a Boa-nova. Estas podem abalar a fé e tornarem-se em relação a ela uma tentação. No entanto, mediante o que conhecemos sobre Abraão, Maria e o testemunho de Paulo, reconhecemos que ao perseverar na fé podemos contemplar os seus benefícios como reflexo num espelho: a garantia de que, após a nossa caminhada nesta terra, veremos Deus "face a face" (1Cor 13,12), "tal como Ele é" (1Jo 3,2). A fé, portanto, já é o princípio da vida eterna (CIC, n. 163).

Pai: Os exemplos de Abraão, Maria, Paulo e tantas outras testemunhas de fé comprometidas com a comunidade são inspirações para que as nossas famílias possam ser testemunhas de fé com atitudes cotidianas de gratuidade do amor e do perdão.

PRECES E BÊNÇÃO DA FAMÍLIA

Animador: Com o desejo de viver nosso compromisso com Deus através de seu Filho Jesus Cristo e renovando os compromissos de nosso Batismo, vamos acender uma pequena vela e rezarmos juntos, tendo presente em nossa mente e em nosso coração o que refletimos desde o início de nosso encontro.

Todos: *Pai nosso, que estás nos céus, santificado seja o vosso nome. Venha a nós o vosso Reino. Seja feita a vossa vontade, assim na terra como no céu. O pão nosso de cada dia nos dai hoje. Perdoai as nossas ofensas assim como nós perdoamos a quem nos tem ofendido. E não nos deixeis cair em tentação, mas livrai-nos do mal (Mt 6,9-13).*

Animador: Tendo consciência das verdades anunciadas pelo próprio Cristo, afirmemos corajosamente a nossa fé no Deus que nos convida a um compromisso com Ele na comunidade professando juntos.

Todos: Creio em Deus Pai, todo-poderoso, criador do céu e da terra, e em Jesus Cristo seu único filho, Nosso Senhor, que foi concebido pelo poder do Espírito Santo, nasceu da Virgem Maria, padeceu sob Pôncio Pilatos. Foi crucificado, morto e sepultado, desceu à mansão dos mortos, ressuscitou ao terceiro dia, subiu aos céus, está sentado à direita de Deus Pai, todo-poderoso, de onde há de vir a julgar os vivos e os mortos. Creio no Espírito Santo, na Santa Igreja Católica, na comunhão dos Santos, na remissão dos pecados, na ressurreição da carne, na vida eterna. Amém.

UMA TAREFA PARA TODA A FAMÍLIA

Procurar conhecer melhor o Credo Niceno-Constantinopolitano que por muitas vezes professamos na missa.

O Credo Niceno-Constantinopolitano é uma declaração de fé cristã que é aceito pela Igreja Católica Romana e Igreja Ortodoxa. O nome está relacionado com o primeiro Concílio de Niceia (325), no qual foi adotado, e com o primeiro Concílio de Constantinopla (381), onde foi revisto. Sua grande autoridade está no fato de ser resultado destes dois concílios ecumênicos. Hoje ele é comum a todas as grandes igrejas do Oriente e do Ocidente (cf. CIC, n. 195).

3   Um caminho de espiritualidade para a família

Ambientação

Cadeiras dispostas em círculo, vários versículos em pequenos cartazes tirados do Livro dos Salmos, citados neste encontro, vela acesa, recortes de revistas e jornais sobre diversos assuntos.

O QUE QUEREMOS COM ESTE ENCONTRO

Ampliar a experiência de oração em família através da meditação dos salmos.

ACOLHIDA

Animador: Queridos pais, temos consciência da correria frenética a que somos acometidos no dia a dia, o que não nos deixa tempo para parar e rezar. Porém, queremos olhar para um livro especial, em meio a tantos outros que compõem a Bíblia Sagrada, o Livro dos Salmos. Através deste livro vamos aprender como Ele se tornou um caminho de espiritualidade para o povo de Deus, e continua sendo para nós uma inspiração, a fim de continuarmos orando sobre os fatos e acontecimentos de nossa época. Iniciemos nosso encontro *em nome do Pai e do Filho e do Espírito Santo.*

Todos: Amém.

Catequista: Para entrar em sintonia com Deus precisamos de paz interior. Esta prática nos foi ensinada por Cristo. Todas as vezes que Ele orava, e a vida de Cristo foi intensa oração, Ele se retirava. Sempre sob o impulso do Espírito Santo se voltava para o Pai. Como Ele, rezemos:

Todos: Vinde, Espírito Santo, enchei os corações dos vossos fiéis e acendei neles o fogo de vosso amor. Enviai o vosso Espírito e tudo será criado e renovareis a face da terra.

Animador: Oremos.

Todos: Ó Deus, que instruístes os corações dos vossos fiéis com a luz do Espírito Santo, fazei que apreciemos retamente todas as coisas segundo o mesmo Espírito e gozemos sempre de sua consolação. Por Cristo, Senhor Nosso. Amém.

A Palavra de Deus ilumina nossa vida

Animador: Vamos acolher a Palavra de Deus cantando.
(Organizar a procissão de entrada da Bíblia na sala de encontros.)

Animador: É maravilhoso redescobrir uma forma de oração, de imensa riqueza, como os salmos. Oração que a Igreja, desde há tempos, vem nos ensinando. Peçamos, ao Senhor, que nos ajude a compreender a riqueza desta oração e dela aproveitar ao máximo para o enriquecimento de nossa vida espiritual.

Leitor: Leitura do Livro dos Salmos (Sl 23).

Leitor: Palavra do Senhor.

Leitor: Graças a Deus!

Canto: Sl 23 (PE. REGINALDO MANZOTTI. CD *Sinais do sagrado*, faixa 5).

Meditando o texto bíblico

Animador: Este salmo foi escrito pelo Rei Davi, que foi pastor na sua juventude. Ele o escreveu com bonitas e sábias palavras que nos levam a pensar em campos verdes com flores e rio cristalino.

Leitor 1: Com esta descrição o que Davi queria nos dizer sobre o Senhor?

(Dar tempo para a meditação e partilha.)

Leitor 2: Davi também se referiu a lugares de difícil acesso. Em nossa caminhada por este mundo, também nos encontramos em situações diferenciadas: obtemos vitórias, mas também problemas de diversas naturezas. Quais vitórias nós podemos identificar em nossa vida de família? E quais situações nos parecem difíceis de resolver?

(Dar tempo para a meditação e partilha.)

Leitor 1: No versículo 1, Davi reza confiante: "nada me faltará". Qual o alcance desta expressão para nós, hoje?

(Dar tempo para a meditação e partilha.)

Animador: As orações que os autores sagrados, sob a inspiração do Espírito Santo, compuseram ao longo do caminho tem a capacidade de elevar a mente da pessoa a Deus, suscitar no coração um efeito piedoso, ajudar a render graças a Deus em todas as circunstâncias da vida, de encontrar consolação e firmeza de ânimo nas adversidades, assim como fez Davi neste salmo.

Partilhando a Palavra de Deus

Animador: Se o Livro dos Salmos é o livro de oração do povo de Deus, de suas angústias, de suas vitórias... também nós, hoje, podemos escrever alguns salmos a partir dos impulsos de nosso coração para manter a nossa família unida a Deus.

Leitor 2: Vamos contemplar por um instante os fatos e acontecimentos expostos à nossa frente através dos recortes de revistas/jornais que temos em nosso encontro, ou de outras situações que vêm a nossa memória. Como será que o salmista rezaria, contemplando estas realidades e a educação dos filhos?

Animador: Após contemplar as realidades que vimos nos recortes de jornal/revistas vamos escrever uma oração pela nossa família, em forma de salmo.

(Distribuir papel e caneta e dar um tempo para que escrevam seus salmos.)

Animador: Vamos rezar nossas orações espontaneamente e, após a leitura de cada uma, digamos:

Todos: Senhor, ouve a minha prece!

 Construindo nossa vida de fé

Leitor 1: Nos salmos a nossa condição humana se faz presente: fraquezas, dificuldades, momentos de solidão, desespero, solidão, pecados. Na oração dos salmos nos descobrimos dependentes de Deus.

Todos: O Senhor é o Pastor que me conduz. Ele salva a minha vida da morte!

Leitor 2: O salmo nos leva a viver a alegria – Alegria que se faz louvor, júbilo, dança, estupor diante das maravilhas de Deus.

Todos: Louvemos ao Senhor porque Ele é bom! (Sl 135,3).

Leitor 2: O salmo nos convida a esperar em Deus – Espera que se faz fé, esperança, amor, paciência, aceitação, desejo, invocação.

Todos: Minha alma espera em Deus, espera em sua Palavra. Pois do Senhor vem a graça e a redenção em abundância! (Sl 130,5.7).

Leitor 3: Através da oração dos salmos somos convidados a render graças a Deus – Ação de graças que eleva-se como voz de reconhecimento dos dons que vêm de Deus.

Todos: Os que semeiam com lágrimas, ceifam em meio a canções, regressam cheios de alegria trazendo seus feixes (Sl 126,5-6).

Leitor 1: A oração do salmo nos ajuda a deixar de lado o desespero – Desespero de quem compreende a perda, ou a dor como sofrimento, mas de quem vê a vida com realismo, vê a vida inteira compreendida na própria oração, que leva a segurar com fé nas mãos de Deus.

Todos: Se as tristezas desta vida quiserem te sufocar, segura na mão de Deus e vai!

Leitor 1: O salmo em si é diálogo com Deus – Deus fala, o homem responde. Um diálogo regido pelo mistério.

Todos: O salmo é uma busca incessante de Deus – Somente em Deus o homem encontra o seu refúgio.

Leitor 2: Através do salmo o cristão canta a alegria de possuir os bens celestes – uma plena comunhão com Deus, em quem se confia e se confidencia.

Leitor 3: O cristão, pelo salmo, confessa a onipotência de Deus – O homem não tem medo de falar da sua pequenez, de seu pecado, de suas dificuldades. Deus é o Tudo, o Todo-poderoso, nada escapa à sua Palavra.

Todos: No salmo encontramos um Deus presente, cheio de amor e misericórdia, cheio de ternura. Um Deus que conhece o homem por inteiro, nada escapa à sua ação benevolente.

PRECES E BÊNÇÃO DA FAMÍLIA

Animador: Queridos pais, que maravilha podermos juntos refletir a Palavra de Deus e entrarmos em sintonia com Ele através da oração dos salmos! Peçamos a sua bênção inspirados no Sl 20.

Todos: Que Deus lhe responda no dia da angústia, que do santuário Ele mande socorro por você. Que lhe dê tudo o que seu coração deseja e realize todos os seus projetos! Que a glória de Deus repouse sobre ti e inunde todo o seu ser de paz. Amém!

Animador: Voltemos às nossas casas na paz do Senhor Jesus.

UMA TAREFA PARA TODA A FAMÍLIA

Rezar em família um salmo a sua escolha, sentindo a voz de Cristo, a voz da Igreja, a voz da humanidade, pois quem reza o salmo não o reza em seu próprio nome, mas em nome da Igreja, esposa de Cristo, reza por si, sim, mas reza também por toda a humanidade.

Família evangelizando famílias

4

Ambientação

Sobre uma mesa preparada com toalha colocar uma imagem ou figura da Sagrada Família, uma vela, Bíblia, uma vasilha de vidro com água-benta e um ramo de folhagem natural para a aspersão.

O QUE QUEREMOS COM ESTE ENCONTRO

Reconhecer e assumir a missão de anunciar e testemunhar Jesus Cristo em sua família e nas demais famílias.

ACOLHIDA

Animador: Sejam todos bem-vindos ao nosso encontro, onde estamos reunidos como irmãos e irmãs para refletir a missão de nossas famílias como discípulas de Jesus.

Todos: Senhor, despertai em nossas famílias o desejo de testemunhar Jesus Cristo a outras famílias.

Animador: Estamos e estaremos reunidos *em nome do Pai e do Filho e do Espírito Santo.*

Todos: Amém!

Canto

Animador: A família é a fonte de paz, prosperidade e harmonia, esta é a verdadeira riqueza de uma família.

Todos: Senhor, que cada família de coração sincero possa receber as suas bênçãos e sinta um novo impulso para se relacionar melhor com outras famílias. Que a Eucaristia fortaleça a graça do Batismo, aumentando nossa fé! Amém.

Animador: Na família temos espaço e possibilidades de transmitir os valores cristãos que possibilitam a formação do ser humano e que suas atitudes e ações revelem sua experiência de fé.

Todos: Senhor, abençoai todas as famílias e a nossa também.

A Palavra de Deus ilumina nossa vida

Animador: Vamos acolher a Palavra de Deus cantando.
(Organizar a entrada da Bíblia na sala de encontros.)
Leitor: Leitura do Evangelho de Lucas (Lc 9,1-6).
Leitor: Palavra da Salvação.
Todos: Glória a Vós, Senhor!
Canto

Meditando o texto bíblico

Animador: No texto bíblico que lemos, Jesus primeiro chamou os doze apóstolos, deu-lhes poder e autoridade sobre o mal e fez-lhes recomendações: *nesta viagem não levem nada, nem bengala para se apoiar, nem* *sacola, nem comida, nem dinheiro, nem mesmo uma túnica a mais...*, com isso Jesus lhes pede para serem simples, humildes, despojados, autênticos e coerentes ao *levar a mensagem de vida nova por todos os povoados.*

Catequista: Vamos nos dividir em pequenos grupos para descobrir o que o texto nos diz para os dias de hoje, para nossa missão de evangelizar outras famílias? É bom lembrar o que São Paulo nos recomenda: a palavra convence, mas o exemplo arrasta.

(Dar um tempo para os grupos partilharem suas reflexões de como evangelizar a família no contexto atual.)

Animador: Com as palavras do Evangelho Jesus quer nos dizer que precisa de nós como anunciadores de seu amor, na missão de evangelizar outras famílias pelo testemunho, pelo exemplo de nossa família. Se não, tudo cairá por terra e ocorrerá uma "desevangelização" muito mais difícil de reversão.

Canto

Partilhando a Palavra de Deus

Catequista: Fomos feitos para sermos comunidade e formadores de novas comunidades. Exemplo disso é a formação do grupo dos doze apóstolos por Jesus e quando Ele os envia a ir às outras cidades. Isto é ser discípulo missionário!

Leitor 1: O amor inspira atitudes e gestos de doação e disponibilidade. Foi assim com Jesus. Foi assim com os apóstolos. Deve ser assim comigo, com você. Amar é estar disposto a ir ao encontro das outras famílias que precisam de nós, de nosso testemunho de amor e esperança.

Leitor 2: Sabemos que hoje as famílias enfrentam grandes desafios para se manterem unidas e seguir a proposta de Jesus, impostos pelos tempos em que estamos vivendo, mas como discípulos de Jesus precisamos acreditar e lutar para que as famílias se mantenham como base segura da sociedade.

Leitor 1: Nós, enquanto família, precisamos aprender a confiar mais e entregar nas mãos de Deus nossas vidas, nossas dificuldades. Precisamos sempre estudar mais a Palavra de Deus e os Documentos da Igreja para que possamos ser conduzidos pelo Espírito Santo. Desta forma Deus sempre nos capacita para novas missões.

Todos: Senhor, dai-nos clareza e sabedoria para cumprir nossa missão.

Leitor 2: Temos que ser responsáveis em assumir a proposta de Jesus e anunciar sua mensagem às outras famílias.

Animador: Agora, vamos trazer para nossa vida o que a Palavra de Jesus Cristo diz para cada um de nós em particular?

(Momento de silêncio para que cada um possa refletir sobre sua prática pessoal.)

Catequista: Precisamos ajudar as famílias a serem solidárias em suas atitudes do dia a dia.

Todos: Senhor, dai-nos capacidade de sermos humildes, perseverantes e persistentes, para transmitir sua Palavra.

Canto

Construindo nossa vida de fé

Animador: Jesus nos pede que sejamos capazes de assumir nossos compromissos de fé na família e na comunidade, tornando-nos evangelizadores de outras famílias. Vamos conversar sobre como podemos desenvolver as proposições abaixo para realizar a nossa missão evangelizadora de família em nossa realidade.

- Redescobrir a presença de Deus em nossa família nos fortalecendo e nos conduzindo para o bem, a cada dia.
- Nos preocupar em colaborar, servir e orar pelas famílias que apresentam necessidades.
- Participar com frequência da santa missa.
- Aceitar com caridade as famílias que pensam e agem de modo diferente das nossas e professam outra fé.
- Sempre que possível convidar para os próximos encontros alguém que esteja afastado da Igreja.

(Momento de silêncio entre uma reflexão e outra; depois dar um tempo para partilharem suas opiniões.)

Todos: Juntos, como família de Deus, redescobrimos sua presença em nossas vidas que nos fortalece a cada dia para sermos evangelizadores, discípulos de Jesus Cristo.

Canto

PRECES E BÊNÇÃO DA FAMÍLIA

Animador: A oração em família, exercitada desde criança de forma espontânea e verdadeira, dita com o coração, mas, com o poder transformador de almas e vida, poderá ser o caminho de fortalecimento da família para vir a ser verdadeiro santuário de fé, esperança e caridade. A família assim procedendo será evangelizada e evangelizará outras famílias.

Todos: Obrigado, Senhor, pelas famílias que nos ajudam nos momentos mais difíceis, pelos amigos fiéis que, mesmo com nossas dificuldades, nos escolheram para dividir as suas vidas.

Animador: Senhor, Nosso Pai de bondade, com sua misericórdia nós vos louvamos e bendizemos o teu santo nome, porque sois a fonte de amor e da vida. Tu nos criaste para viver em comunhão na família e na comunidade.

Todos: Obrigado, Senhor, por nossas vidas, por nossas famílias. Que Deus nos abençoe hoje e sempre! Amém.

(No canto o dirigente faz aspersão da água-benta, abençoado as famílias e dando o envio.)

Canto

UMA TAREFA PARA TODA A FAMÍLIA

Todo o grupo de familiares dos catequizandos poderia fazer uma campanha para adquirir bíblias e combinar um dia para, em mutirão, presentear as famílias que não a possuem. Na oportunidade da entrega podem rezar com estas famílias e convidá-las a fazer parte da Comunidade Igreja.

5 Dízimo, compromisso da família com a comunidade

Dízimo não é taxa, imposto, esmola ou sobra!

Dízimo é:

Verdadeiro ato de fé e fonte de bênçãos.

Experiência de amor, generosidade e gratidão.

Meio de organização, evangelização, promoção humana.

Ambientação

Bíblia, vela, a oração do dizimista em marcador de páginas para ser distribuída aos participantes.

O QUE QUEREMOS COM ESTE ENCONTRO

Assumir com toda a família o compromisso de colaborar com a evangelização e manutenção dos bens da comunidade.

ACOLHIDA

Animador: Somos todos bem-vindos e queremos nos aproximar cada vez mais do ideal de comunidade demonstrado pelas primeiras comunidades, onde todos realmente se colocavam à disposição das necessidades do irmão. Com o coração repleto de alegria iniciemos: *em nome do Pai e do Filho e do Espírito Santo.*

Todos: Amém!

Catequista: Hoje somos convidados a vivenciar os ensinamentos de Jesus de acordo com o seu Evangelho. Ele nos oferece uma grande oportunidade para refletirmos nossas ações enquanto Igreja e abrir o nosso coração ao exercício fraterno de caridade. Dizimar é uma atitude amorosa de bem comum, uma atitude de amor.

Leitor 1: Para aproveitarmos melhor o nosso encontro vamos invocar o Espírito Santo.

Todos: Vinde, Espírito Santo, enchei os corações dos vossos fiéis e acendei neles o fogo de vosso amor. Enviai o vosso Espírito e tudo será criado e renovareis a face da terra.

Animador: Oremos.

Todos: Ó Deus, que instruístes os corações dos vossos fiéis com a luz do Espírito Santo, fazei que apreciemos retamente todas as coisas segundo o mesmo Espírito e gozemos sempre de sua consolação. Por Cristo, Senhor Nosso. Amém

A Palavra de Deus ilumina nossa vida

Animador: Vamos acolher a Palavra de Deus cantando.
(Organizar a procissão de entrada da Bíblia na sala de encontros.)
Leitor: Leitura da Segunda Carta de São Paulo aos Coríntios (2Cor 9,6-9).
Leitor: Palavra do Senhor.
Todos: Graças a Deus!
Canto

Meditando o texto bíblico

Animador: A Palavra nos ilumina e nos inspira rever as nossas atitudes e compromissos que assumimos diante da Igreja. Ela nos oferece uma forma agradável de ouvir o que Deus tem a nos dizer e nos ensina o caminho que devemos seguir.

Catequista: Vamos reler o texto bíblico para nos ajudar a compreender e meditar melhor a Palavra de Deus.

(Reler o texto pausadamente.)

Animador: Façamos um instante de silêncio para que, no silêncio, escutemos o que Deus quer nos falar. Apenas escutemos. Deixar Deus entrar em nosso coração. Permitamo-nos ouvi-lo.

(Colocar uma música de fundo.)

 PARTILHANDO A PALAVRA DE DEUS

Animador: A leitura nos faz pensar que tudo o que ofertamos a Deus deve ser feito de maneira discreta e consciente, fazendo da oferta do dízimo uma verdadeira atitude cristã.

Leitor 1: A função do dízimo é beneficiar todos os membros da comunidade, oferecendo-lhes recursos, seja para a catequese, formação das lideranças, manutenção dos bens, recursos para que todos possam ter seu lugar na comunidade.

Leitor 2: Dizimar é uma oportunidade concreta que visa a manutenção da comunidade. Seu exercício requer compromisso e fidelidade, pois dele depende a continuidade das ações na comunidade. Cabe a cada um de nós testemunhar este compromisso na família.

Animador: Agora você é convidado a olhar para si mesmo, para sua família, e nesse silêncio examinar as suas atitudes de contribuição perante a comunidade e em forma de oração dar a resposta que Deus espera de cada um de nós.

(Dar tempo para a meditação individual.)

CONSTRUINDO NOSSA VIDA DE FÉ

Leitor 1: Numa comunidade, o que a mantém unida é a fé, pois enquanto Igreja somos muitos e devemos oferecer à comunidade aquilo que o coração está disposto a dar. Assim como dizia São Tiago: "A fé sem obras é morta" (Tg 2,17).

Leitor 2: É na comunidade que a perseverança nos ensinamentos, na comunhão fraterna, na partilha e na oração, faz com que ela cresça e se torne referência. Onde todos sentem-se parte da comunidade ela passa a ser um lugar de agradável convivência, um lugar acolhedor. Para que haja unidade na comunidade alguns requisitos são básicos: solidariedade, cons-ciência e serviço. Povo consciente, povo comprometido é povo feliz.

Leitor 1: Como batizados, assumamos a nossa responsabilidade como família diante da comunidade, tornando-nos dizimistas; afinal, fazemos parte da comunidade de Jesus, uma comunidade viva, que trabalha, ora e se mantém unida para enfrentar os desafios.

PRECES E BÊNÇÃO DA FAMÍLIA

Leitor 1: Hoje fomos inspirados pela Palavra para fazer do dízimo uma proposta de amor, de generosidade, de fé.

Leitor 2: Ao refletirmos a mensagem, fomos convidados a dar uma resposta de fé, motivados pelo que ouvimos, e decididos em fazer da partilha um exercício de fraterna comunhão.

Todos: Senhor, fazei de mim um dizimista consciente e feliz. Que meu dízimo seja agradecimento, seja um ato de amor e reconhecimento pela tua bondade. O que tenho de bom, de ti recebi: vida, fé, saúde, amor, família, bens... Ajuda-me a partilhar com justiça e fidelidade. Tira o egoísmo do meu coração. Que eu te ame cada vez mais e também a cada um dos meus irmãos. Que meu dízimo seja fonte de bênçãos para mim, minha família e minha comunidade. Amém!

Animador: Com o coração aberto, disposto a guardar tudo aquilo que ouvimos, fechemos os nossos olhos e rezemos ao Pai para que nos ajude a perseverar no nosso compromisso enquanto cristãos, enquanto dizimistas.

Todos: Pai de bondade, derramai suas bênçãos sobre a nossa família. Que a graça do Pai, do Filho e do Espírito Santo recaiam sobre todos nós. Amém!

UMA TAREFA PARA TODA A FAMÍLIA

Se não é dizimista: Fazer a experiência de ser um dizimista consciente de seu compromisso diante da Igreja e dos irmãos.

Se já é dizimista: Participar das atividades referentes ao dízimo em sua comunidade, trabalho, encontros onde o dízimo seja lembrado como exercício de fé e de amor.

Somos todos irmãos 6

Ambientação

Bíblia, vela acesa e um arranjo de flores.

O QUE QUEREMOS COM ESTE ENCONTRO

Destacar que, embora sejamos diferentes fisicamente na cultura, na educação, no ambiente que vivemos, somos todos irmãos em Cristo Nosso Senhor.

ACOLHIDA

Animador: Sejam todos muito bem-vindos ao encontro de hoje, pois queremos partilhar esse momento e aprofundarmos os laços que nos unem enquanto Igreja, enquanto família de Deus. Iniciemos *em nome do Pai e do Filho e do Espírito Santo.*

Todos: Amém.

Animador: Relembrando que somos todos irmãos em Cristo, e é por Ele que nos tornamos filhos de Deus e membros da Igreja, com o coração aberto e cheio de alegria, preparemo-nos para um momento muito especial, o momento de intimidade com o Senhor – a nossa oração.

Todos: Senhor, nesse encontro vos pedimos, aumentai em nós o sentimento de fraternidade, para que, renovados pelo seu amor, nos reconheçamos como uma verdadeira comunidade onde a esperança gera vida e fé. Somente em ti encontramos a verdadeira felicidade.

Animador: Em sinal de unidade, como filhos amados que somos, rezemos a oração que o próprio Jesus nos ensinou.

Todos: Pai nosso...

A Palavra de Deus ilumina nossa vida

Animador: Vamos acolher a Palavra de Deus cantando.

(Organizar a procissão de entrada da Bíblia na sala de encontros.)

Leitor: Leitura do Evangelho de Jesus Cristo segundo João (Jo 17,11-25).

Leitor: Palavra da Salvação.

Leitor: Glória a Vós, Senhor!

Canto

Meditando o texto bíblico

Animador: A Palavra de Deus nos ilumina e quer ser ouvida, por isso abramos o nosso coração ao que ela tem a nos falar e guardemos a sua mensagem como tesouro valioso para nossas vidas e de nossas famílias.

Leitor 1: "*Para que todos sejam um*" (cf. Jo 17,21) é a afirmação que deve nos estimular a reflexão do encontro de hoje. Como atender a esse pedido de Jesus numa sociedade que vive uma espécie de fragmentação das mais variadas formas: individual, social, cultural e principalmente religiosa. Qual o sentido dessa unidade para a humanidade?

Leitor 2: A unidade de Jesus com o Pai e deste com os discípulos chama todos nós, seus discípulos, também à unidade. Mas parece-nos que Deus foi afastado da humanidade. Qual é a resposta que todo cristão deve dar?

Leitor 3: Não é bom que os cristãos estejam divididos e trabalhem uns contra os outros. Há muitas igrejas, mas os seus membros podem viver em união se estiverem dispostos a colocar Cristo em primeiro lugar. Isto é possível? Como fazer?

 Partilhando a Palavra de Deus

Animador: Jesus nos diz que somos todos irmãos e que, por isso, precisamos educar nossos filhos a se comportar como tais. Uma comunidade precisa estreitar os laços que a unem e se importar mais com o próximo e não somente acomodar-se a tal ponto de achar que tudo está bem. E isso aprende-se pela educação familiar.

Leitor 1: E sabemos que nem tudo vai bem e que não pode continuar assim. Precisamos ajudar nossos filhos a aprender a encontrar soluções para que, juntos, possamos dar as melhores saídas para as grandes e graves crises que estamos enfrentando.

Leitor 2: Os fatos do nosso dia a dia às vezes nos afastam do ideal preterido por Jesus, um mundo de justiça e de paz, de amor e de alegria. Todos nós reconhecemos que o que está faltando nas pessoas é amor. Amor este que primeiramente precisa ser experienciado no cotidiano da vida em família. O que podemos fazer para envolver as pessoas nesse princípio? Em que valores estão alicerçados os pilares da atual sociedade? E nossas famílias? Como podem contribuir?

Animador: Vamos nos organizar em pequenos grupos e refletir sobre as questões levantadas, depois partilhar as conclusões.

(Dar tempo para a partilha das reflexões.)

 Construindo nossa vida de fé

Animador: Aprendemos que a Igreja é o instrumento de Cristo e em suas mãos torna-se instrumento da redenção de todos os homens, o sacramento universal da salvação, pelo qual Ele manifesta e atualiza o amor de Deus pela humanidade. Ela é o projeto visível do amor de Deus para todos os homens. Seu desejo é congregar todo o gênero humano no único Corpo de

Cristo, templo do Espírito Santo. Cabe destacar mais especificamente três aspectos da Igreja-Corpo de Cristo: a unidade de todos os membros entre si por sua união com Cristo; Cristo, Cabeça do Corpo; A Igreja, Esposa de Cristo (cf. CIC, n. 776 e 789).

Leitor 1: Uma Igreja que tem Cristo como seu fundador não pode ignorar a sua origem, seus ensinamentos, sua Tradição. A Igreja se preocupa com os seus membros, e, entendendo que a Igreja somos nós, devemos ter olhar mais cuidadoso e, por que não dizer, carinhoso para com seus membros.

Leitor 2: Uma Igreja viva, empenhada em lutar pelos valores do Reino, disposta a conviver com as diferenças, pois essas diferenças agradam a Deus, já que há uma unidade na diversidade, enriquecendo a Igreja de Cristo.

Leitor 3: A Igreja sozinha não salva ninguém, ou seja, não basta se intitular Igreja: Sou Igreja. É preciso ser Igreja e a fé é a grande engrenagem desse instrumento de salvação. Por isso é preciso estreitar os laços que nos unem e formam a Comunidade de Cristo.

Leitor 4: Reconhecer-se como Igreja, família de Deus, implica acolher a diversidade de seus membros com amor, para viver segundo o que agrada a Deus. Saber conviver em unidade exige reconhecer que as diferenças nos enriquecem e fortalecem na edificação da comunidade de filhos de Deus. Nesse processo, a nossa família, ao exercitar diariamente a experiência de conviver com as diferenças existentes entre os membros, possui papel essencial para ajudar a aprofundar os laços que nos unem como Igreja, para viver unidos como irmãos pelo amor de Cristo.

PRECES E BÊNÇÃO DA FAMÍLIA

Animador: Agora somos convidados a rezar a partir da Palavra, tornar a nossa oração um momento especial de diálogo com o Pai, em vista da unidade de seus filhos.

(Sugerimos escolher previamente os leitores. Estes poderão ser: leitor 1, pai; leitor 2, mãe; ou leitor 1, pai e mãe; leitor 2, filhos.)

Leitor 1: Para que tenhamos alegria, a mesma alegria do Mestre, pois:

Todos: Em Cristo somos todos irmãos.

Leitor 2: Para que sejamos consagrados na Verdade e revigorados para anunciar a Boa-nova, pois:

Todos: Em Cristo somos todos irmãos.

Leitor 1: Que cada vez mais nos aproximemos uns dos outros, encorajados pela força que vem do Alto, pois:

Todos: Em Cristo somos todos irmãos.

Leitor 2: Para que o nome de Jesus seja conhecido e reverenciado, através da nossa missão de batizados, pois:

Todos: Em Cristo somos todos irmãos.

Leitor 1: Para que vivamos os princípios básicos de uma comunidade, amor, união, solidariedade, pois reconhecemos que...

Todos: ...em Cristo somos todos irmãos.

Leitor 2: Como discípulos missionários precisamos nos envolver mais, nos importar com o sofrimento alheio e com isso ajudar mais, porque:

Todos: Em Cristo somos todos irmãos.

Dirigente: Jesus nos lembra que é preciso união para fortalecer a comunidade de irmãos e, assim, tornar-se uma Igreja forte, consciente de seu valor e missão. Por isso peçamos a bênção de Deus.

Todos: Senhor Deus, nosso Pai e Criador, derramai vossas bênçãos sobre cada um de nós, conduzi-nos no caminho do bem e iluminai nossos corações para que acolhamos de bom grado aquilo que de nós espera. Vós que sois Pai, Filho e Espírito Santo. Amém!

Canto

UMA TAREFA PARA TODA A FAMÍLIA

Procurar conversar sobre Jesus com amigos, vizinhos e parentes de outras igrejas dando opinião, sem querer impor o próprio ponto de vista, mas respeitando o jeito do outro falar e pensar.

Anexo

Respostas das perguntas sobre a Carta a Diogneto

Leitor 1: Como era seguir os ensinamentos de Jesus naquela época?

Resposta: Sofriam perseguições, eram martirizados, desprezados...

Leitor 2: Como os cristãos reagiam a essas perseguições?

Resposta: Permaneciam firmes nos ensinamentos em quaisquer circunstâncias, respondendo ao ódio com o amor, à injustiça com o perdão, ao martírio com a fé.

Leitor 3: Em qual época é mais fácil seguir os ensinamentos de Jesus? Hoje ou naquele período histórico?

Resposta: Hoje em nossa realidade não sofremos perseguições tão terríveis, não somos martirizados, não somos expulsos de nossas casas, podemos expressar nossa fé com liberdade, podemos anunciar Jesus de todas as formas... e ainda temos o benefício de ter TODA a Revelação completa da Palavra de Deus, enquanto que eles apenas conheciam partes dessa Revelação. Pelos anos 70 a 80 que podemos aproximadamente situar a *Carta a Diogneto*, quase todos os livros do Novo Testamento estavam escritos, mas infelizmente nem todos tinham acesso a eles.

Leitor 1: Quais povos responderam melhor aos ensinamentos de Jesus? Os daquele período ou os de hoje?

Resposta: Pelo nosso Batismo recebemos a capacidade de "crer em Deus, de esperar nele e de amá-lo, através das virtudes teologais" (CIC, n. 1266). Mas infelizmente temos uma grande multidão de católicos que desconhecem ou procuram afastar-se desses ensinamentos porque eles geram atitude e compromisso.

Leitor 2: Temos em nós então a força da fé para responder ao pedido/chamado de Deus em seguir seus ensinamentos. Quais são os ensinamentos de Jesus para as famílias?

Resposta: Amar sem medidas, perdoar sempre, agir com paciência, mansidão, buscar sempre a felicidade do outro... Mas também que elas busquem falar dele para as crianças, falar do seu carinho e predileção por elas, que deseja ardentemente estar junto delas (Mt 19,13-15; Mc 10,13-16).

Referências

Carta a Diogneto. Petrópolis: Vozes, 2003.

Catecismo da Igreja Católica. Petrópolis: Vozes, 1993.

CELAM. *Documento de Aparecida*. Brasília: CNBB, 2007.

CNBB. *Diretório Nacional de Catequese*. Brasília: CNBB, 2006.

_____. *Catequese renovada*: orientações e conteúdo. São Paulo: Paulinas, 1983 [Documento n. 26].

JOÃO PAULO II. *Carta apostólica* Dies Domini, *sobre a santificação do domingo*. São Paulo: Paulinas, 2007.

KOLLING, M. et al. (orgs.). *Cantos e orações* – Para a liturgia da missa, celebrações e encontros. Petrópolis: Vozes, 2007.

Missal cotidiano – Missal da assembleia cristã. São Paulo: Paulus, 1996.

SAGRADA CONGREGAÇÃO PARA O CULTO DIVINO. *Ritual de bênçãos*. São Paulo: Paulus, 2003.

CDs

ALINE COSTA. *Família acústico 93*. [s.l.]: Milk Music, 2012.

PE. REGINALDO MANZOTTI. *Sinais do sagrado*. [s.l.]: Som Livre, 2011.

CULTURAL
Administração
Antropologia
Biografias
Comunicação
Dinâmicas e Jogos
Ecologia e Meio Ambiente
Educação e Pedagogia
Filosofia
História
Letras e Literatura
Obras de referência
Política
Psicologia
Saúde e Nutrição
Serviço Social e Trabalho
Sociologia

CATEQUÉTICO PASTORAL
Catequese
  Geral
  Crisma
  Primeira Eucaristia

Pastoral
  Geral
  Sacramental
  Familiar
  Social
  Ensino Religioso Escolar

TEOLÓGICO ESPIRITUAL
Biografias
Devocionários
Espiritualidade e Mística
Espiritualidade Mariana
Franciscanismo
Autoconhecimento
Liturgia
Obras de referência
Sagrada Escritura e Livros Apócrifos

Teologia
  Bíblica
  Histórica
  Prática
  Sistemática

REVISTAS
Concilium
Estudos Bíblicos
Grande Sinal
REB (Revista Eclesiástica Brasileira)
SEDOC (Serviço de Documentação)

VOZES NOBILIS
Uma linha editorial especial, com importantes autores, alto valor agregado e qualidade superior.

VOZES DE BOLSO
Obras clássicas de Ciências Humanas em formato de bolso.

PRODUTOS SAZONAIS
Folhinha do Sagrado Coração de Jesus
Calendário de Mesa do Sagrado Coração de Jesus
Agenda do Sagrado Coração de Jesus
Almanaque Santo Antônio
Agendinha
Diário Vozes
Meditações para o dia a dia
Guia Litúrgico

CADASTRE-SE
www.vozes.com.br

EDITORA VOZES LTDA.
Rua Frei Luís, 100 – Centro – Cep 25689-900 – Petrópolis, RJ
Tel.: (24) 2233-9000 – Fax: (24) 2231-4676 – E-mail: vendas@vozes.com.br

UNIDADES NO BRASIL: Belo Horizonte, MG – Brasília, DF – Campinas, SP – Cuiabá, MT
Curitiba, PR – Florianópolis, SC – Fortaleza, CE – Goiânia, GO – Juiz de Fora, MG
Manaus, AM – Petrópolis, RJ – Porto Alegre, RS – Recife, PE – Rio de Janeiro, RJ
Salvador, BA – São Paulo, SP